Thomas Blodig

Mein kleines Räucher-Ritual zur
"Klang-Trance"

Reise in das Innere

"Dem Klang der Welt lauschen"

Alle Informationen, Angaben und Anwendungen sind sorgfältig erprobt. Der Autor übernimmt keinerlei Haftung für Personen, Sach- und Vermögensschäden, die in Zusammenhang mit der Anwendung und Umsetzung der Klang-Trance und mit der Räucherung von Pflanzen entstehen können. Pflanzen bzw. Pflanzenteile sind zum Teil giftig und sollten mit der gebotenen Vorsicht verwendet werden.

Der Text und die Abbildungen in diesem Buch sind urheberrechtlich geschützt. Ohne schriftliche Zustimmung des Autors darf keine Verwendung erfolgen. Dies gilt besonders für die Verwendung im Internet.

© 9/2021 Thomas Blodig

Verlag und Druck:
tredition GmbH, Halenreie 40-44, 22359 Hamburg

ISBN
Paperback: 978-3-347-34732-8
Hardcover: 978-3-347-34733-5
e-Book: 978-3-347-34734-2

In unserer meist von der Natur entfremdeten Welt der Industrienationen sind schamanische oder spirituelle Rituale sinnvoll.

Dabei sind Rituale unserer Kultur nicht fremd und nicht nur Relikte aus der Vergangenheit. Sie haben auch bei uns eine lange Tradition, die in Vergessenheit geriet. Das Wissen um sie ist noch da, aber sie werden nicht mehr gelebt und schwächen mehr und mehr ab. Jetzt ist es an der Zeit, sie mehr zu beachten und sie wieder zum Leuchten zu bringen. Wir brauchen sie wieder und können an eine sehr lange Tradition anknüpfen.

Rituale binden uns in den Fluss des Lebens ein. Sie bewirken Veränderungen auf den unbewussten Körperebenen und geben uns innere Kraft, Ruhe und Frieden.

Dies wird machtvoll durch einfühlsame Räucherungen zum Einbinden unseres Geistes und der Seele und durch den Einsatz von archaischen Klanginstrumenten unterstützt. Körper, Geist und Seele werden wieder in EIN-KLANG gebracht und harmonisch „gestimmt".

Hier ist eine Dreiheit „Schamanentum, Räuchern und Klang" zu erkennen, auf deren Bedeutung im ersten Kapitel eingegangen wird.

~~~

Ich danke den Naturwesen, dem alten Apfelbaum im Garten für seine Blüte, der Mönchsgrasmücke „Caruso" für seinen schönen Gesang, den Instrumenten der Erde für ihre tragenden Klänge und dem Rauch der Kräuter und Harze für ihre Klärung der Seele. Den menschlichen Wesen danke ich für ihre Kritik, ihr Mut machen und die Hinweise auf Korrekturen.

„Ich bin die Intuition, ich bin die Stärke, ich bin die Liebe, ich bin der Wille, ich bin die Lebensfreude, alles liegt in meiner Verantwortung.

SO SEI ES"

Inhalt

Warum Rituale	5
Traditionelle schamanische Trance	10
Schamanisch orientierte Klang-Trance	13
Traditionelle Körperhaltungen	15
Die Instrumente	16
Räucherungen	22
Das Räucher-Ritual	24
Vorbereitung des Ortes	25
Abgrenzung des Ortes und der Zeit	27
Dank- und Bitt-Ritual	28
Klangtrance/ "Hier und Jetzt"	30
Nachbereitung/Rücknahme	32
Abschluss (Feier)	33
Auswahl und Wirkung des Räucherwerks	34
Kräuter selbst sammeln und verarbeiten	39
Sich selbst zentrieren und abräuchern	43
Vorschlag zum Zentrieren: Die „Oktave"	44
Vorschlag für die Begrüßung der wohlwollenden Wesen	45
So könnte das Dankes-Ritual lauten	45

Warum Rituale?

Rituale oder Zeremonien binden uns in den Fluss des Lebens ein, markieren Übergänge im Leben oder zu einer neuen Situation bzw. bei einer bevorstehenden Verhaltensänderung. Als machtvolle Werkzeuge bewirken sie Veränderungen im Unterbewusstsein und geben uns innere Kraft, Ruhe und Frieden. Ein sehr bedeutendes Handeln, das in unserer von der Natur entfremdeten Kultur viel zu selten bewusst angewandt wird. In seinem formalisierten, gleichförmigen wiederholenden und besonderen Ablauf löst es uns auf angenehme Weise aus dem Alltag, weitet unseren Geist, schenkt uns die Magie alter Heilweisen und kann so durch das Einbeziehen höherer Ebenen nachhaltige Veränderungen im Unbewussten hervorrufen.

Rituale verstärken unsere Absicht. Sie dienen dem Ziel, die drei Ebenen Körper, Geist und Seele über die körperliche Ebene hinaus auf magisch-energetische Art mit den Kräften der Welt - Alltagswelt, Anderswelt und Götterwelt - (wieder) zu verbinden. Sie markieren den Übergang aus der Alltagswelt zu einem neuen Erleben und sind Symbol dafür, Übergänge bewusst zu erleben.

Es gilt, das Urvertrauen in einer sich selbst entfremdeten Welt durch eine Rückverbindung zu stärken. *Re-ligio* bedeutet, dass wir eine Verbindung zu etwas aufgegeben haben und es nun unsere Aufgabe ist, uns wieder aufs Neue mit dieser Wirklichkeit zu verbinden.

Die Dreiheiten der Welt

In unserem durch die römischen Invasoren und die Christianisierung geprägten Weltbild wird das gesamte Denken in Gegensätzen, Dualität oder Polaritäten ausgerichtet.

Unsere Vorfahren kannten noch Dreiheiten und Ergänzungen, Werden, Sein, Vergehen. Sie wussten noch, dass alles, was lebt, eine Seele hat.

Wir denken heute meist linear, betrachten alles einzeln und isoliert voneinander.

Dabei ist alles mit- und ineinander verwoben, lässt sich nicht trennen und ergänzt sich gegenseitig.

Dies wird im Walknut oder Wotansknoten ausgedrückt, einem germanischen Symbol: Drei Dreiecke sind unlösbar miteinander verwoben und ergänzen sich zu einem Gesamtbild. (Quelle: Adobe Inc.)

Drei Ebenen finden wir nicht nur im Weltenbaum mit der Alltagswelt, der Anderswelt und der Götterwelt: Aus drei Wurzeln entspringend breiten sich seine Äste über neun Welten aus.

Auch in uns Menschen wirken drei Arten der Wahrnehmung.

In veränderten Bewusstseinszuständen nehmen wir uns auf andere Weise wahr, als über unsere Sinnesorgane. Das materielle lineare Bild der Alltagswelt tritt in den Hintergrund. Wir erleben wieder unser Innerstes und unsere Emotionen und füllen unser Leben wieder mit einem Inhalt.

Die Dreiheit mit Körper, Geist und Seele bilden eine EINheit. Sie können die innere Magie, das Mystische und Numinose zulassen und entwickeln.

Da alles EINS ist, gibt es für sehr feinstofflich empfindende Menschen keine wahrnehmbare Trennung der Welten. In der Alltagswelt nehmen sie über den eingeschränkten Teil der (westlich geprägten) Welt auch die geistigen Dimensionen wahr. Ein Großteil der Menschen hat es leider schon lange vor unserer hektischen überdrehten Zeit verlernt, diese zu fühlen.

Dieses Erleben ist für unsere innere Lebendigkeit von Bedeutung. Vergessene Werte bzw. Welten wollen wieder beachtet werden und viele Menschen erinnern sich an das „alte Wissen" der Seele. Dies kann in

Form eines schamanischen Rituals oder einer Zeremonie wieder unsere Wirklichkeit beleben.

Es ist ein Hineingehen, ein einfühlendes und achtsames Mitschwingen.

Rituale sind für einzelne Personen (Geburt, Hochzeit, Tod, Heilung, Visionssuche) oder für Gruppen (Brauchtumsfeste, Sonnen- oder Mondfeste, Jahreskreisfeste, Einweihungsfeste, Osterfeuer, Kraftorte, Übergangsfeste wie Anderswelt-Reisen, Kontakt mit Geistwesen, etc.) möglich.

Der Ort und auch die Zeit geben dem Ritual eine besondere Kraft. Alte Kultstätten haben weitgehend ihre Kraft eingebüßt.

Durch die Zwangschristianisierung, Inquisition oder den heutigen Massentourismus haben sie ihre „Aufladung" verloren (Beispiel Stonehenge: Dieser Ort war in den 1980ern noch frei zugänglich. Mittlerweile gibt es Öffnungszeiten und Tickets zum Besuch mit Shuttle-Bus im nahe eingerichteten Besucherzentrum).

Dort, wo natürliche Erdkräfte und die rituellen Handlungen zusammenkommen, haben sie sich noch am ehesten erhalten. Manchmal lassen sich noch kleine Orte oder Stellen mit dieser Kraft finden. (Heilige Haine, Thingplätze, Ritualkreise, Höhlen, Kirchen, Steinsetzungen, Erdheilung).

Deshalb gilt es, eigene Plätze zu finden und dort Rituale zu gestalten, um sie über die Zeit aufzuladen. Das gibt uns die Möglichkeit an die Kraft der alten Rituale anzuknüpfen.

Jedes Ritual öffnet Türen und bewirkt eine tiefe Bewusstseinsveränderung, wenn du innerhalb des Rituals ganz zur Ruhe und in deine Mitte kommst.

Im Hier und Jetzt lässt du Gedanken an Vergangenes und die Zukunft los.

Im Hier und Jetzt bist du, wenn du bei einer Tätigkeit die Zeit völlig vergisst.

Dieser zeitlose innere Augenblick, eine Verankerung im Körper geschieht bei einfacher und gleichförmiger handwerklicher Tätigkeit, beispielsweise bei Gartenarbeit oder eben bei einer Klang-Trance wie von selbst.

Wir sind dann Teil eines Prozesses, der einfach geschieht.

Solche Momente können wir nutzen, um unsere erfüllende spirituelle Tätigkeit auszuüben und Vergessenes zurückzuholen.

Es braucht etwas Übung, um diesen Moment zu erreichen, zu erkennen/spüren und zu halten. Die damit verbundene Kraft und feinstoffliche Energie braucht Zeit, um sich (in dir und deinem Energiefeld) zu entfalten und dort einzubinden.

Dazu gehört die gleichförmige Wiederholung. Stetiges üben an der Verbesserung deiner Wahrnehmung verfeinert nach und nach dein Bewusstsein und damit auch dein Gespür für die eigene Empfindung und deine Gefühle.

Wenn du deine eigene Form gefunden hast, ist es gut, wenn du sie immer in der gleichen Weise ausführst.

Finde dein eigenes Ritual

Die Rituale sollten in gleicher Form ohne inneren Druck oder Vorschriften einfach gehalten werden, damit sich dein feinstofflicher Energiekörper daran erinnern kann. Dies wirkt dann als Trainingseffekt. Dazu gehörige Worte, etwa Sprechgesang, Tänze, Tanzschritte und Rhythmen von Trommeln, Rasseln, Gongs oder Klangschalen u.a. kannst du in gleicher Form wiederholen. In ihrer einfachen Struktur sind sie wirksam. Melodien gibt es dabei nicht, höchstens einfache monotone Tonfolgen.

Nach einigem Üben sollte sich bei dir eine Abfolge herauskristallisieren, die du machen willst. Du wirst die Kraft spüren und sicher sein, dass dies JETZT gut ist und du es beibehalten kannst.

So wie im Außen, so auch im Inneren: Jede äußere Form (Ritual) in der Alltagswelt birgt auch eine Kraft der geistig-seelischen Welt oder der Anderswelt in sich.

Traditionelle Schamanische Trance

Die schamanische Trance bewirkt eine Bewusstseinsveränderung: Der aktive Wille bleibt erhalten und deine Achtsamkeit und deine Aufmerksamkeit dir selbst gegenüber wird geschärft. Sie unterscheidet sich von deinem Wachbewusstsein und ist zeitlich begrenzt. Durch das Eintauchen in den einförmig und gleichmäßig gespielten Klang von z.B. Trommel, Rassel oder Gong gelangst du schnell in das **Hier und Jetzt** und in tiefere Bewusstseins-Schichten. Das Ablösen vom zielgerichteten funktionellen Alltagsbewusstsein gelingt mit ein wenig Übung immer besser.

Die Kraft der Seele ist nicht mehr an das Ego gebunden, sondern geht über die körperlichen Grenzen hinaus. Die Seele weitet sich und kann an das Urvertrauen anknüpfen.

Das Erleben während der schamanischen Trance ist real, nur eben in einer anderen ungewohnten Bewusstseinsebene in deinem Unbewussten oder in deiner Anderswelt. Es ist keine Projektion. Du kannst andere Wirklichkeiten bereisen.

Das Erlebte lässt sich oft nicht mit Worten der Alltagswelt beschreiben, weshalb es märchenhaft und auch so zu beschreiben ist – oder eben nicht: Die verbale Umschreibung des Unbeschreiblichen. Der Verstand, unsere Ratio, bzw. der Intellekt beruhigt sich und der Geist wird klarer. Das ist nicht immer in Worte zu fassen.

Bei den rein traditionellen schamanischen Reisen in die Anderswelt geht es meist um das Finden eines Krafttieres oder anderer Geistwesen in der Unterwelt. Es werden Informationen zu Heilungswegen und Lösungen für Probleme in der Alltagswelt gesucht. Meist geht es über Erdöffnungen, Höhlen oder Wurzeln ins Erdreich.

Die mittlere Welt ist unsere Alltagswelt mit Menschen, Pflanzen-, Natur- und Elementarwesen. Mit den verschiedenen hier lebenden Wesen gilt es in Kontakt zu kommen und von ihnen zu lernen.

In der oberen Welt treffen wir Geistführer, Devas und himmlisch-ätherische Wesenheiten. Die Antworten, die wir hier erhalten, unterstützen unsere spirituelle und geistige Entwicklung und wir erkennen die großen Zusammenhänge. Meist über eine Aufstiegshilfe (Himmelsleiter, Baumstamm, geflügeltes Wesen, Rauchloch, Windauge o.ä.) geht es nach oben.

Das Verräuchern von Holundermark und Holunderblüte unterstützt die Reise in die Unterwelt.
Die Mistel öffnet das Tor zur Oberen Welt.
Beifuß, Fichtenharz, zu Pulver vermahlen, bilden die Basis dazu.

Uns fehlt heutzutage der traditionelle Hintergrund und damit der Bezug für diese Rituale. Wir brauchen sie gerade jetzt, um wieder an altes Wissen anzuknüpfen, uns unsere eigenen Rituale zu erschaffen und unsere eigenen Wege zu finden. Dabei geht es um die Zentriertheit im Hier und Jetzt.

Es gibt *bewegungsinduzierte Reisen*, bei denen bis zum Zustand der völligen physischen Erschöpfung in einer Ekstase getanzt wird. Ekstase ist tiefer und intensiver als Trance, da sich das Ich-Bewusstsein auflöst und das Denken aufhört.

Oder der ebenfalls *bewegungsinduzierte Ritualtanz*. Hier gelten etwas andere Bedingungen für die Klang-Begleitung (rhythmisches lebendiges Spiel mit Synkopen).

Bei der *ruheinduzierten Trance-Reise oder der ruheinduzierten Verschiebungsreise* werden bestimmte Körperhaltungen eingenommen, um die Anderswelt wahrzunehmen. Es geschieht ein Umschalten der Wahrnehmung im veränderten Bewusstseinszustand, der erfahrbar werden soll.

Darüber hinaus gibt es durchaus unterschiedliche Möglichkeiten, eine Trance zu erleben, etwa bei einem mit Klängen begleiteten Ruhezustand. Und um diese Art der Reise soll es hier vorwiegend gehen.

Klänge haben die Eigenschaft, dass sie dir helfen, rasch in sehr intensive Trance-Zustände zu kommen.

Dies hilft uns wieder, die Welt wieder insgesamt zu erleben – die innere Stimme zu hören und mit den Wesenheiten (Natur-Elementarwesen, etc.) zu kommunizieren, die uns umgeben. Dieses Erleben haben viele Menschen leider verloren. Unsere hellsichtige Fähigkeit, die geistige Welt in allen Teilen gleichzeitig wahrzunehmen, ist uns abhandengekommen.

Alles ist letztendlich eine Technik, um unsere Ratio zu umgehen und um in unsere Mitte zu kommen – um Heilung für unsere Seele zu erfahren. Und da gibt es viele Möglichkeiten.

Welche passt zu dir?

Schamanisch orientierte Klang-Trance

Die Intensität der schamanisch orientierten Klang-Trance hängt sehr von der Tagesform aller beteiligten Gäste ab. Sie wird deshalb unterschiedlich ausfallen. Je öfter du sie machst, umso leichter wird sie dir fallen.

Reisegründe können u.a. sein: Heilung, Kraft oder Information aus deinem Unterbewussten zu erhalten oder zuzulassen.

Das **Ziel der Reise** in eine der drei Welten und die Fragestellung sollte vor Beginn der Vorbereitung für dich und jeden Reisenden feststehen. Hilfreich ist, dies auf einen Zettel zu schreiben und vor dich hinzulegen. Wenn dein Ziel klar benannt ist, lasse es los. Lasse die Dinge geschehen. Es kommt alles von selbst in Bewegung.

Die **Klang-Trance** lässt sich gut mit einem **Räucher-Ritual** verbinden. Besonders Beifuß, bietet großen Schutz und öffnet die Tore zur Anderswelt. Er verstärkt die Kraft des Rituals und dient als Schutz vor negativen Kräften. Der aufsteigende Rauch fördert die Anbindung an die geistige Welt und verbindet mit den „Spirits".

Es ist nicht gesagt, dass das bei allen Menschen so ist. Vielleicht findest du für dich eine andere Pflanze, die dies genauso bewirkt?

Sollen zusätzlich zum Räuchern andere kleine **Opfergaben** (Nüsse, Früchte, Kräuter, Kupfermünzen, etc.) für die Wesen der Anderswelt gewünscht sein, so solltest du es im Bewusstsein tun, dass es dabei um die Kraft der Achtsamkeit gegenüber diesen Wesen handelt. Von diesen wird das wohlwollend gesehen - auch wenn sich dann später vielleicht ein Vogel, ein Eichhörnchen oder ein Igel über diese Gaben freuen. Du kannst deine Opfergaben immer in einem kleinen Beutel bei dir tragen.

Bedenke bitte, dass du etwa bei einer „**Heilreise**" bestenfalls einen Heilprozess positiv beeinflussen kannst.

Krankheit ist ein feinstofflicher Prozess, durch den wir gehen (müssen).

Wenn sich körperliche Symptome zeigen, hat eine Störung auf Seelenebene schon lange vorher begonnen und sich im Energiefeld manifestiert.

Kein Mensch kann einen anderen heilen. Heilen von innen kann sich letztlich nur jeder selbst in eigener Verantwortung und Selbstermächtigung, indem er oder sie die eigenen Emotionen anerkennt, einzeln anschaut, verarbeitet und somit löst.

Diese Punkte solltest du dabei beachten:

Annehmen des körperlichen oder seelischen Schmerzes

Bedingungslos Lieben, Dankbarkeit, Vertrauen

Vergebung (dir selbst und anderen),

Veränderung und Transformation zulassen

Nimm die Harmonie der Welt wahr und betone das Verbindende.

Trennung führt zu Angst und Krankheit, weil sie auf niederen Schwingungen beruht.

Krankheit ist eine Disharmonie zwischen Menschen, Natur und Kosmos, eine Trennung von Schönheit und Schöpfung. Nimm sie als Herausforderung an, um dich weiterzuentwickeln.

Rituelles Handeln zum Flug der Seele bringt dich wieder in einen größeren Zusammenhang. Wir finden Klarheit im Inneren, schöpfen Mut und gehen über unser Ego hinaus, wenn wir die Schleier der Welten etwas heben können.

Du hast die Möglichkeit deine eigenen Vorstellungen, Wünsche und Gefühle aus einem anderen übergeordneten Blick zu sehen. Es kann nichts nachhaltig verändert werden, wenn dabei nichts Elementares mit und in deiner eigenen inneren Kraft geschieht.

Die schamanische Klang-Trance führt in den Zustand des erhöhten Wachbewusstseins im Bereich der Alpha- und Thetawellen des Gehirns, ohne den Anspruch zu erheben eine Reise in die Unter- oder Oberwelt zu sein.

Traditionelle Körperhaltungen

Basierend auf den wertvollen Forschungen von Felicitas Goodman und Nana Nauwald werden für die Reise in die nicht alltägliche Welt über 70 (!) rituelle Körperhaltungen beschrieben, die in allen Kulturen, auch in Mitteleuropa, schon seit Urzeiten bekannt sind. Die wenigsten davon finden im Liegen statt.

Viele im Stehen und Sitzen, einige im Knien, andere in der Hocke. Sie sind eng mit dem beabsichtigten Ziel der Reise in die Untere oder Obere Welt oder der Heilreise verbunden.

Über die Hintergründe der Reisehaltungen ist fast nichts bekannt. Die Erfahrungsberichte lassen lediglich Rückschlüsse zu, was zu erwarten ist.

Vielleicht hat das auch den Grund, uns aufzurufen um eigene Erfahrungen zu machen. Hier gibt es noch viel herauszufinden.

Die schamanische Klang-Trance führt ebenso in den Zustand des erhöhten Wachbewusstseins.

Sie kann im Sitzen, im Liegen oder in Bewegung begangen werden.

Welche Körperhaltung der Einzelne einnimmt, kann sich je nach Reiseziel individuell unterscheiden.

Die Instrumente

Eine traditionelle schamanische Reise fand nach den heutigen Forschungen und Kenntnissen mit folgenden Instrumenten statt:

- (Netz-) Rassel,
- nordische Trommel (Schamanentrommeln unterscheiden sich von den Rahmentrommeln)
- pentatonische (Knochen-) Flöten,
- Tierhörnern
- Dord
- Lure
- Schwirrholz
- heute nicht mehr genutzten bzw. unbekannten Keramikrasseln, Rasselstäben oder Klapperbechern

Es gibt noch mehr Instrumente, die aber hier nicht alle aufgeführt sind.

Das waren die Urtöne der Erde - der Weltenklang für die tranceinduzierte Meditation in der Frühzeit der Menschheitsgeschichte. Ein deutlicher Hinweis auf das Wissen und die Spiritualität unserer Vorfahren. Sie waren uns in intuitiven Dingen überlegen.

Wir heutigen modernen Menschen müssen uns dieses verlorene Wissen erst wieder erarbeiten. Heute haben wir neben unserer inneren Weisheit, die Intuition, die durch geniale Forscher Johannes Kepler und Hans Cousto entdeckten „3. Gesetz der Planetenbewegung" bzw. „Oktavgesetze der Planeten", die von Otto Schumann entdeckten Frequenzen und die von Dr. Rife gefundenen Heilungsfrequenzen sind uns jetzt bekannt.

Das ganze Sonnensystem lässt sich mittlerweile mathematisch genau in den hörbaren Bereich transponieren. Es sind Schwingungen und Frequenzen, elektromagnetische Impulse und damit Energien, die sich bestimmen lassen. Die Natur richtet sich an diesen Gesetzmäßigkeiten aus.

Diese Urtöne oder Grundtöne des Universums sind unsere Grundstimmung, nach der wir gestimmt sind. Sie bilden unser Urvertrauen. Fehlen uns die Frequenzen der Erde, der Sonne oder des Mondes, fühlen wir uns unwohl, nicht mehr in Stimmung oder getrennt von unserer Mitte.

Diese Trennung geschieht etwa durch einen naturfernen Lebensstil. Seit Beginn der Industrialisierung in der Mitte des 18. Jahrhunderts haben wir haben den Kontakt zur Erde verloren, sind nicht mehr geerdet. Eine Verbindung kann aber wiederhergestellt werden.

Die traditionellen Instrumente sind schwer zu beschaffen, wenn es sie überhaupt noch gibt. Das liegt einfach daran, dass ihre organischen Bestandteile wie Felle oder Holzrahmen mit der Zeit vergehen. Es gibt mehr oder weniger gut gelungene Versuche, sie nachzubauen.

Im Grunde reichen auch ein oder zwei Stöcke und ein ausgehöhlter Baumstamm zum Trommeln oder an eine Schnur gebundene Nussschalen zum Rasseln. Im Schamanentum geht es nicht um melodiöse Musik. Es geht um vom Ego losgelösten Klang und Rhythmus. Melodiöse Musik folgt anderen musikalischen Regeln.

Dabei ist zu bedenken, dass die Instrumente den aktiven Willen, das Bewusstsein und die Achtsamkeit nicht dämpfen, sondern über das alltägliche Maß hinaus schärfen und das innere Erleben fördern. Das gelingt sehr gut mit Klang und Rhythmus.

Neue Impulse sind gefragt, da es mittlerweile auch neue Instrumente gibt, die noch nicht so bekannt und traditionell erprobt sind.

Von besonderer Bedeutung sind deine Absicht und deine Kraft bei deiner Tätigkeit. Diese Kraft manifestiert sich im Klang, im Impuls der Instrumente sowie ihrer physischen Wirkung auf den oder die Zuhörer. Deine Instrumente erfüllen und bekräftigen die Vermittlung deiner Absicht durch die Resonanz, also die harmonische Gleichschwingung Anderer.

Es ist also nicht nur das Instrument selbst, sondern auch deine Absicht.

Was spricht also dagegen, ein Instrument zu verwenden, mit dessen Schwingung du in Resonanz gehen kannst und dessen Kraft du spürst?

Es ist dann vielleicht keine schamanische Reise in dem ursprünglichen Sinne, kann jedoch für viele Menschen heilsam sein.

Eine neue Tradition kann jetzt wieder entstehen und an das Alte anknüpfen.

Finde deinen eigenen Weg.

Gehe mit deinem Instrument in Resonanz und fühle dich mit ihm wohl. Wenn ihr zusammen schwingen könnt, bildet ihr eine Einheit und Kraft und der „Spirit", die Reisekraft stimmt. Und das kannst du selbst und andere Beteiligten fühlen.

Da **Gongs** im europäischen Kulturraum erst vor ca. 500 Jahren bekannt wurden, konnten sie hier erst sehr spät ihre wundervolle Kraft entfalten. In der Heimat des Gongs, in Asien, hatten sie schon viele Jahrhunderte ihren Platz in den Kulturen der Völker. Es würde etwas fehlen, wenn wir auf die „neuen" Gongs mit ihrer Klangwirkung verzichten wollten.

Der Kraft eines Gongs und auch der einfachen Rahmentrommel kommt dem weiter oben beschriebenen Zweck der Klang-Trance nahe und bietet eine Form der Reisemöglichkeit.

Der Gong mit seinen Obertönen ist ein sehr machtvolles energiereiches Instrument. Wenn er schwingt, bringt er alle Zellen des Körpers zum mitschwingen.

Er geht mit dir in Resonanz, schwingt dich auf einer höheren Ebene des Bewusstseins ein, findet deinen ganz persönlichen Urton und wirkt positiv auf deine Seele.

Bei einem Gong-Bad ist eine kraftvolle und sehr laute Spielweise mit 180-210 bpm (beats per Minute) sinnvoll, weil die Absicht besteht durch die Lautstärke das ewige „Hamsterrad der Ratio" zum Schweigen zu bringen. So wird das Unterbewusstsein direkt erreicht und anstehende Prozesse der Seele angeregt.

Wir haben das mit eigenen erweiterten Herzfrequenz-Messungen vor und nach einem Gong-Bad eindrucksvoll nachvollziehen können: In dem Moment, in dem der Alpha-/Theta-Zustand des Gehirns erreicht wird, kann Heilung geschehen.

Es reicht nur ein kurzer Moment. (www.saraju.de/HRV-Messung).

Je nach verwendetem Gong sowie dem beabsichtigten Ziel und Zweck der Reise sind auch andere und leisere Spielweisen, die von den 180-210 bpm abweichen, möglich.

Dabei sind die Erlebnisse individuell sehr unterschiedlicher Art. Die entspannte achtsame Wachheit im Alpha-/Theta-Zustand wird auch hier erreicht.

Die das Urvertrauen stärkenden Klänge des archaischen Gongs mit seinem großen Klangspektrum kann zur ganzheitlichen Heilung von Körper, Geist und Seele angewendet werden.

Bei den **Trommeln,** dem Herzschlag unserer Erde, wird im meditativen Bereich ein völlig gleichförmiger Rhythmus gespielt. Von Hand oder mit Schlegeln. Der Schlag der Trommel weitet das Bewusstsein und es ermöglicht dir, in die feinstofflichen Welten - in die Anderswelten einzutreten.

Bei Heilungsritualen wurde traditionell die mit innen befestigten Holz-, Knochen- oder Metallstücken versehenen Trommeln mit der Hand gedreht und über den Körper der Menschen geschüttelt.

Nicht alle Trommeln waren rund. Je nach Herkunft gab es eckige, ovale, doppelseitig bespannte, mit Steinen befüllte oder mit Stiel versehene und kleinere Trommeln.

Es gibt neben der meditativ gleichförmigen Spielweise auch noch die stetig beschleunigende Spielweise, die zwischen 180- 210 bpm anfängt und sich allmählich bis auf 230 bpm steigert.

Du kannst die Trommel auch wesentlich langsamer spielen, eher mit etwa 90 bpm oder weniger und genauso meditativ. Dies kommt traditionell aber nicht beim Reisetrommeln zu Einsatz.

Das sind alles Informationen und „Spielregeln", an denen du dich orientieren kannst, keine unumstößlichen Dogmen.

Überprüfe alles für dich und suche das heraus, das für dich stimmig ist.

Wenn du dir mal die Mühe machst, den Anfang und das Ende von CDs mit schamanischen Trommeln zu vergleichen, wirst du feststellen, dass sie meist schneller beginnen als sie dann aufhören. Mal ehrlich: Wir haben alle kein Metronom eingebaut. Natürliche Schwankungen sind normal.

Eine weitere Variante des meditativen Spiels ist, jeden zweiten oder vierten Schlag zu betonen oder auf verschiedene Stellen des Fells zu schlegeln. Damit änderst du die Klangfarbe. Wenn du dich für eine Art des Spielens entschieden hast, solltest du dabei bleiben, denn es geht nicht darum Kunststücke zu vollführen.

Du solltest auch „vergessen", dass du trommelst. Höhr´ einfach der Trommel beim „Klang der Welt" zu. Das, was du heute spielst ist genau das, was gerade gebraucht wird. Unabhängig von Zeit und Raum.

Die **Rassel** ist ein eher leises und sanftes Instrument. Sie unterstützt die geistige Absicht etwas zu tun oder zu wollen.

Feine und helle Rasseltöne reichen meist schon aus, um mit den Naturwesen in Kontakt zu kommen. Für größere Räume oder Gruppen ist eine größere Rassel sinnvoll. Die Rassel kann auch gleichzeitig zusammen mit der Trommel eingesetzt werden. Es entsteht ein eigener Klang, erfordert aber eine andere Haltetechnik mit zwei Schlegeln in einer Hand gleichzeitig zu spielen.

Der behutsame und sparsame Einsatz von **Klangschalen**, **Röhrenglocken** oder **Monochord** ist bereichernd. Sie lassen sich nicht so rhythmisch betont spielen, wie die Trommel, die Rassel oder der Gong und legen einen „Klangteppich" aus. Hier liegt der Übergang zum melodischen Spiel, das sich schön anhört, aber mit der ursprünglichen Absicht um die es hier geht, nichts mehr zu tun hat.

Wenn du sie einsetzt achte darauf, dass sie eine Grundstimmung in der Naturtonreihe (Urtöne?) mit 432 Hz besitzen.

Du kannst auch CDs verwenden, wenn niemand da ist, der ein Instrument bedienen kann.

Bedenke bitte dabei, dass Musik von CDs durch das komprimierte und digitalisierte Tonsignal eine andere Wirkung hat, als analoge, „live" gespielte und authentisch klingende Instrumente. Tonträger enthalten weniger Daten und damit weniger Energie als der ursprüngliche Klang.

Selbst gespielte Klänge sollten immer den Vorzug haben. Du hörst nicht nur mit den Ohren, sondern mit dem ganzen Körper, vor allem mit der Haut und deinen Knochen, bis hin zu jeder einzelnen Zelle. Und dazu brauchst du die unmittelbaren Schwingungen und Frequenzen mit all ihren Obertönen - rein und technisch unverfälscht.

Finde einfach selbst heraus, was für dich stimmig ist.

Die Rahmentrommel, mit weichen Schlegeln im Freien gespielt, hat auch für Tiere etwas Meditatives. Die Welt bleibt einen Moment stehen, du kannst mit ihr kommunizieren und sie ist danach eine Andere...

Räucherungen

In allen großen Kulturen wurde seit jeher Räucherwerk genutzt. Im Christentum wurde das Räuchern zunächst als „heidnisches Kulturgut" abgelehnt und unterdrückt. Erst als ihnen bewusstwurde, dass viele Menschen dies nicht verstanden, übernahmen sie die heidnischen Praktiken, um mit anderen Religionen mithalten zu können. Erst sehr spät durfte Räucherwerk bei zeremoniellen Handlungen nicht mehr fehlen und nahmen einen wichtigen Stellenwert an

Auch beim Räuchern findest du die Zeichen der vielen Dreiheiten z. B. Körper, Geist und Seele.

Der Sand und die Asche ist Symbol für die Erde. Die glühende Kohle verkörpert den entzündeten Geist - unser Feuer. Die Kräuter bedeuten das Leben, das durch den Lebensfunken langsam vergeht.

Der zarte Rauch bahnt sich seinen Weg bis zur Auflösung. Er ist der Wegweiser für unseren Geist.

Der das Außen mit dem Inneren verbindende Atem ist unser Lebensspender, der sich mit dem Duft in seinem eigenen Rhythmus verbindet, quasi als Mittler zwischen den Welten.

Es bleibt nur die Asche zurück, der Rest hat sich ins Unendliche aufgelöst...

Räuchern hilft bei der Reinigung unserer feinstofflichen Aura, von Plätzen, Gärten, Häusern und hält negative Einflüsse fern. Unsere Absichten werden energetisch verstärkt. Den wohlwollenden Geistern und Lebewesen in der für uns meist nicht sichtbaren Welt wird damit Nahrung angeboten.

Die Qualität von innerer Sammlung, Ruhe, Andacht und Respekt vor dem Mystischen und Unaussprechlichen werden verstärkt.

Es ist stimmig, sein eigenes Ritual der Räucherung zur Klang-Trance zu erschaffen. Die traditionellen Hintergründe sind größtenteils verloren gegangen. Wir können deshalb am alten Wissen anknüpfen und Neues erschaffen.

Befindest du dich im öffentlichen Raum, frage den Eigentümer um Erlaubnis und beachte die Brandschutzbestimmungen. In Zeiten der Trockenheit sind Waldgebiete tabu. In Gärten solltest du entsprechende Vorsichtsmaßnahmen treffen (z.B. vorheriges Besprühen des Bodens mit Wasser).

Meine Räucherutensilien „kleine Hexenkessel"

Das Räucher-Ritual

Das Räuchern verbindet uns ganz mit der geistigen Welt auf einer tiefen energetischen Ebene und schafft einen heiligen Raum für unsere Seelen.

Räuchern mit Pflanzen und Harzen öffnet dein Bewusstsein für die Verbindung mit der geistigen Welt. Sie helfen dir beim Überschreiten der „Schwelle" von deiner Alltagswelt in die magische rituelle Anderswelt.

Es ist eine zutiefst befriedigende Tätigkeit und schenkt dir Urvertrauen. Beim Räuchern werden die Inhaltstoffe der jeweiligen Pflanze frei und erreichen unsere Sinne unmittelbar.

Ein Ritual ist eine in derselben Weise wiederkehrende Handlung, in dem die Kraft des Gleichen wirkt. Es folgt einem Rhythmus mit einem klar definierten Anfang und Ende. In einer Gruppe oder einzeln durchgeführt bietet es die Gelegenheit, denn Alltag zu unterbrechen und Ruhe im Hier und Jetzt zu erleben.

Vorbereitung und Reinigung des Ortes

Im Folgenden werden einige Punkte aufgezählt.
Es sind **Vorschläge oder Erinnerungen** für dich, die mehrere Möglichkeiten enthält und nicht den Anspruch erheben, vollständig zu sein.
Wähle dir für dein Ritual die Punkte aus, die stimmig für dich sind. Vielleicht hast du auch schon ein eigenes Ritual erschaffen, bei dem du dich wohl fühlst. Dann mache dieses.
Die stichpunktartige Auflistung bietet den Vorteil der besseren Übersicht.

Je nach eigenem Ermessen und Wahl kannst du sie variieren, weglassen oder ergänzen. Manches hört sich kompliziert an, geht aber nach einigem Üben leicht von der Hand.

Vorbereitung

- Wähle einen Platz, der dir vertraut ist – draußen oder drinnen. Bereite dich mental auf das Ritual vor

- Schaffe bzw. gestalte eine ruhige störungsfreie Umgebung, nimm dir viel Zeit und Ruhe

- Schaffe dir deine eigene innere Realität, erde dich, verankere dich in der Stille in dir über deinen Atem

- Konzentriere dich am Anfang auf deinen Atem tief in den Unterbauch; atme einige Atemzüge durch die Nase ein und dann durch den Mund aus. Wenn du magst, lege dabei die Zunge an den vorderen oberen Gaumen und verbinde so alle Meridiane miteinander

- Sei mit deiner Aufmerksamkeit ganz bei deinem Atem. Gehe mental in dein Herzchakra und atme durch dieses ein und aus. Lasse in dir die Vorstellung wachsen, dass es sich über deine Körpergrenzen hinaus ausdehnt

- Nutze möglichst die ruhigeren Abendstunden. Vermeide helles Licht, so kannst du leichter hinter den Schleier der Dimensionen schauen

- Lege alles, was du brauchst in greifbare Nähe. Stelle deine Instrumente samt Schlegel oder Klöppel dazu

- Die Räucherkohle ist soweit vorbereitet und deine Räuchermischung liegt in ausreichender Menge bereit. Vergiss nicht, die Kohle rechtzeitig anzuzünden, damit du dich auf das Ritual konzentrieren kannst

- Wenn du ein Anliegen oder eine Frage bearbeiten möchtest, benenne es für dich in kurzen klaren Worten (Inneres Kind, Schattenseite, Angst, Trauer, Verhalten, etc.). Du kannst es dir auch aufschreiben. Dann ist es für dich präsenter und du kannst es nach dem Ritual deutlicher beschreiben

- Zünde ggf. ein Feuer (mit Schlageisen und Zunder) oder eine Bienenwachskerze mit Streichholz (!) an, lade das Feuer ein, seine Kraft zu entfalten und das Ritual zu unterstützen

- Sorge für bequeme und besondere angemessene Kleidung, die bei Bewegung keine Geräusche verursacht. Das ist in leisen Passagen störend

- Reinige deine Aura, räuchere dich mit dem Kraut deiner Wahl ab
- Lade alle wohlwollenden Kräfte, die Ortswesen/-Geistwesen ein, an dem Ritual teilzunehmen

Abgrenzung des Ortes und der Zeit

- Orientiere deinen Platz nach den vier Himmelrichtungen aus
- Reinige den Ort im anderweltlichen, mystischen tieferen Sinne der Seele, gehe dabei in die Liebe
- Draußen: Begrüße die Bäume und Pflanzen, Tiere, Mineralien
- **Alternative:** Umgehe den Ort mit dem Räucherwerk oder einem Räucher-Bündel
- **Alternative:** Markiere die vier Himmelsrichtungen mit einem Räuchergefäß oder einer Räucherfackel, um die energetische Kraft der Kräuter zu entfalten und Schutz zu bieten.
- **Alternative:** Umgrenze den Ort indem du ihn mit der Rassel, der Trommel, einem Hand-Gong oder einer Klangschale spielend umschreitest
- Dann gehe zurück an deinen Platz und lege die Kräuter auf die Kohle; schwenkte sie in die sechs Himmelsrichtungen (Osten, Süden, Westen, Norden, Oben, Unten). Binde so den Ort und die Zeit auf Mutter Erde ein

- Eröffne das Ritual z.B. mit einem **einzigen** Klang von einer Klangschale oder von einem Gong. Ein weiterer Klang markiert später das Ende des Rituals

- Bitte um Beistand der wohlwollenden geistigen (göttlichen) Wesen dieser besonderen Zeit und des Augenblicks und lade sie ein - rufe sie

- Lade auch die wohlwollenden Wesen der Teilnehmer und deiner Instrumente ein

- Wenn du Gäste oder Teilnehmer hast: Begrüße jede/n einzeln am Anfang des Rituals und binde sie in Achtsamkeit mit ein

Dank- und Bitt-Ritual

- **Unverzichtbarer Bestandteil des gesamten Rituals**

- Du kannst dir dein eigenes Ritual/ deine Worte schaffen (s. Beispiel Seiten 44 und 45)

- Bekräftige deine Absicht noch einmal mit **einem Klang** deiner Wahl

- Sei dir deines momentanen Zustandes bewusst. Zähle (nicht nur materielle) Dinge auf, die du schätzt und danke dafür (Gesundheit, Partner, Wohnung, Intuition, Verbundenheit, Miteinander, Frieden, Freiheit, etc.) Danke der Welt im Allgemeinen und den geistigen Wesen.

- Es gibt immer etwas, für das du dankbar sein kannst und das nicht selbstverständlich sind.

- Der Rauch der Kräuter trägt deine Absichten in die geistige Welt
- **Wichtig ist der Dank selbst**
- **Das Danken führt dich in deine Mitte, zu deiner Herzens-Quelle deiner Kraft**
- Vergegenwärtige dir deinen aktuellen Zustand, lausche deinem Herzschlag, gehe in die bedingungslose Liebe, denke an die Dinge, für die du danken willst; benenne sie laut oder stumm, ganz wie es für dich stimmig ist.
- Du wirst spüren, wann das Dank-Ritual beendet ist
- Gib auch deinen Gästen Zeit sich zu bedanken

Dies alles ist Voraussetzung für das folgende Bitt-Ritual:

- Formuliere deine Bitte in kurzer Form (Erfolg bei der Reise, Heilung, Kraft, Information, etc.)
- Entzünde deine Kräuter bei Bedarf erneut, stehe auf und fache die Kohle der Räucherschale noch einmal an, lege Kräuter nach. Wenn du Räucherfackeln verwendest, ist das eine Erleichterung und du kannst dich ganz auf das Ritual besinnen.
- Danke allen Wesen, die gekommen sind, für ihr Erscheinen und ihr Wohlwollen

Klang-Trance -"Hier und Jetzt"

Jetzt beginnt deine Klang-Trance. Du hast dich jetzt im Räucher-Ritual mental mit den Düften der Pflanzenseelen eingestimmt. Lasse nur noch deine Instrumente sprechen.
Konzentriere dich ab jetzt nur auf dein Spiel. Du bist Teil eines Prozesses, der in dir und allen Gästen abläuft. Sei neugierig auf das, was geschehen will. Lasse dich von den Klängen tragen, die dich jetzt umgeben.

Alles hängt von dir ab
Alles liegt in deinen Händen

- Jetzt beginne die magische mystische Arbeit

- Spiele deine Rassel, deine Trommel oder deinen Gong und beginne die Reise. **Das, was du heute spielst ist das, was heute gebraucht wird.**

- Die Dauer sollte mindestens ca. 15 Minuten oder/und höchstens ca. 45 Min. dauern

- Spiele die Trommel, die Rassel oder den Gong gleichmäßig monoton und ohne Betonungen im einfachen Rhythmus, laut oder sanft und leise, aber bestimmt

- Orientiere dich an den 180-210 bpm

- Dabei wirken die natürlichen Schwankungen des Spielers organisch und unterstützend

- Beende die Klang-Trance nach deinem Gefühl. Du spürst deutlich, wann der „letzte Schlag" gesetzt werden soll. Lasse dich von deinem Inneren führen.

- Du kannst mit einer kurzen schnelleren Schlagfolge auf der Trommel das Ende markieren oder einfach aufhören. Setze deinen letzten Schlag bewusst in gleicher Lautstärke, ohne am Ende leiser zu werden. Auf dem Gong ist es meist ein „besonderer" Schlag zum Schluss; Du wirst es spüren. Wobei das kein Schlagen im Wortsinn ist. Eher ein bestimmtes, zuweilen auch sanftes kontrolliertes „Anschlegeln".
- Genieße die dann hörbare Stille mit ihrer Fülle danach.

Die Rahmentrommel, der Erdengong, unterschiedliche Rasseln und verschiedene Gong-Klöppel

Nachbereitung/Rücknahme

- Hier kommt der **eine Klang** der Eröffnung wieder (S. 28)
- Danke dem Universum und allen an begleitenden Wesen für das Erlebte
- Begleite das Ende mit einer Räucherung, überschreite bewusst die Schwelle in deine Alltagswelt, mental oder real
- Manifestiere das Erlebte in deiner tiefen inneren Wahrheit
- Deine Reiseeindrücke und auch die Antwort auf das gestellte Thema kannst du aufschreiben, etwas dazu zeichnen oder deine Erlebnisse einfach mit den Anderen im Gespräch teilen
- Das Erlebte gehört jetzt zu dir. Es begleitet dich und du wirst vielleicht erst in einigen Tagen reflektieren, was da geschehen ist. Nimm die Veränderung wahr
- Behalte es bei dir, nimm es an oder lasse es los…
- Gehe dabei achtsam und wertschätzend mit dir selbst um

Abschluss (Feier)

Danach ist eine achtsame ruhige Feier angebracht. Setzt euch noch zusammen, esst, trinkt, lacht und seit fröhlich. Tue das, was dir jetzt guttut. So erdest du dich und ihr und kommt gemeinsam langsam wieder in die Alltagswelt zurück.

Beifuß-Räucherfackel

Auswahl und Wirkung des verwendeten Räucherwerks

Alle hier beschriebenen Räucherungen werden in einem Räuchergefäß mit Räucherkohle ausgeführt, da es hauptsächlich um das Ritual im Freien geht. Bei der Verwendung in geschlossenen Räumen unbedingt darauf achten, dass die verglimmenden Kräuter nicht auf den Boden fallen und Brandflecken verursachen. Ein großes Tablet ist dafür geeignet.

Die **Rauchmelder** vorher unbedingt ausschalten oder verdecken.

Die Räucherkohle sollte durchglühen und erst dann sollten die Kräuter und Harze aufgelegt werden.

Bei den mit Salpeter versehenen leicht entzündlichen Kohlen werden beim Anzünden meist aromatische Stoffe, die etwas künstlich riechen können und zu einer zusätzlichen und vermeidbaren Luftbelastung beitragen.

Eine Alternative ist die eckige japanische Räucherkohle ohne chemische Schnellzünder. Sie sind etwas schwerer zum Durchglühen zu bringen, belasten aber die Luft nicht so sehr.

Ganz ohne Kohle und Zusätze kommt die aus Kräutern und Hölzern handgepresste quadratische „Kräuterkohle" aus.

Beifuß-Kugeln kommen ganz ohne Kohle aus. Die frischen Blätter und Blüten von grobem frischem Beifuß zu Kugeln rollen, etwas auseinanderziehen und anzünden. Es ist etwas „fummelig". Zusätzliches Räucherwerk kann dann auf die glimmende Kugel gegeben werden.

Die Beifuß-Fackel ist ein zusammengebundenes Beifuß-Bündel. Es wird auf einem Stock in die Erde gesteckt und dort angezündet. Wenn sie brennt, werden die Flammen gelöscht und der Beifuß glimmt von selbst weiter. Das hat den Vorteil, dass die Fackel ca. 1-2 Stunden über die ganze Zeremonie ihren Duft verbreitet und so zu einer guten Athmosphäre beiträgt. Genau so geschieht es mit den kleineren Beifuß-Sträußchen für die Hand.

Die aus Kupfer bestehenden, handgearbeiteten alten Räuchergefäße („kleine Hexenkessel" s. Seite 23) unterstreichen durch ihre Wärme die Wirkung des Räuchergutes. Sie stehen symbolisch für die schöpferisch weibliche Fruchtbarkeit – das Werden und Vergehen.

Der Sand in den Kesseln ist handelsüblicher reiner Quarzsand in feiner Körnung. Er dient auch zur Reduzierung der Hitze beim Auflegen von Harzen, wenn er direkt auf die Kohle unter die Kräuter gelegt wird.

Bitte keinen Vogelsand verwenden. Er kann mit chemischen Stoffen behandelt sein.

Die Kohlenzange und Löffel sind ebenfalls aus Kupfer.

Der Kelch und der kleine Schwenker sind besonders schöne (Einzel-) Stücke.

Die Feder symbolisiert den Vogel als Mittler zur geistigen Welt. Sie ist ein Symbol für das Luftzeichen. Jede Feder besitzt andere energetische Wirkungen.

Meine Räucher-Federn: Die Feder links ist von einem Storch, vor Jahren energetisch ausgesucht. Hier in der Gegend wächst die Population der Störche erfreulicherweise stetig an. Ein Geschenk der geistigen Welt.

Der Storch trägt die Farben der Dreigestalt des Weiblichen: Das Weiß für die Jugend, das Rot für die Fruchtbarkeit der Erwachsenen und das Schwarz für das Alter. Er steht für den Neubeginn und Reinigung. Zu der Zeit, als sie zu mir kam, war das ein großes Thema für mich und hat sehr gepasst.

Den Federn des Rotmilans (Mitte) wird zugeschrieben, geduldig zu bleiben und dabei zu helfen Seelenanteile zurückzuholen. Sie stehen auch für Transformation und Selbstliebe.

Vor einiger Zeit fand ich auffallend häufig Krähenfedern (Rechts). Sie sind tiefschwarz und schillern wunderschön grünlich-blau.

Die Krähe steht für Tod und Wiedergeburt, und somit für Übergänge, Hellsichtigkeit, Intelligenz und Transformation. Sie helfen dabei, die Wahrheit aufzudecken und sich den eigenen Schattenseiten zu stellen.

Dazu kommt noch eine tiefschwarz-bläuliche Feder mit einem weißen Streifen von einem Elsterflügel vor unserer Haustüre. Die Elster steht für Intelligenz und Anpassungsfähigkeit. Sie gilt als Botin für die spirituelle Anderswelt, und hält uns an, beide Welten ins Gleichgewicht zu bringen.

Die Feder verteilt den Rauch feiner, beispielsweise bei der Reinigung und zum Schutz der Aura.

Bei der Räucherung während der Klang-Trance ist eine Feder aber nicht immer notwendig. Der feinstoffliche Rauch verteilt sich mit dem Wind von selbst sehr gut.

Ich bevorzuge heimische regional vorkommende Kräuter, die sich mir zeigen.

Auf eine Aufführung einzelner Kräuter wird an dieser Stelle bewusst verzichtet. Zu groß ist die Vielfalt für die individuelle Auswahl.

Der Beifuß und das Fichtenharz nutze ich oft als Grundlage für meine Räucherungen. Ich bevorzuge heimische Kräuter, wenn ich sie mir selbst beschaffen kann.

Andere Kräuter wie Kampfer, Benzoe, Labdanum, Styrax, Myrrhe, Drachenblut oder andere kommen dann noch bei Bedarf und Anlass hinzu. Sie müssen aber zugekauft werden, da sie bei uns nicht heimisch sind.

Es bleibt dir selbst überlassen, welche Kräuter bei dem Ritual zum Einsatz kommen. Vielleicht wechselst du sie auch von Zeit zu Zeit intuitiv oder du findest ganz andere Wirkungen für dich heraus. Dann fühle dich frei, deinem inneren Empfinden zu folgen.

Hier zwei für mich wichtige Bestandteile der Ritual-Räucherung:

Beifuß: *Artemisia vulgaris*

Segens-Schutz- und Reinigungsräucherungen
Beifuß ist eine der ältesten Ritualpflanzen Europas.

- *Bei den Kelten gehörte Beifuß zu den wichtigsten heiligen Pflanzen und wurde zu kultischen Räucherungen zu Samhain (keltisches Ahnenfest 31. Oktober/1. November) verwendet. Man war der Meinung, damit böse Geister vertreiben zu können.*

- *Zur Sommersonnenwende wurde Beifußkraut ins Feuer geworfen, um sich vor dem Bösen zu schützen. Auch heute noch lebt die germanische Tradition fort, indem Kräuterbüschel mit neun Kräutern verräuchert werden, denn die Zahl neun war den Germanen heilig. Beifuß ist immer Bestandteil der "Grünen Neune". Er wurde in der christlichen Zeit als Hexenkraut verteufelt.*

- *Bei den Mittel- und nordeuropäischen Bauern hat sich der Beifuß bis heute seinen Ruf als Schutzkraut erhalten, egal ob es sich um krankes Vieh, Blitzschlag, Unwetter oder Schädlinge im Getreide handelt.*

- *Mittler zwischen den Welten*

- *fördert Kontakt mit den Ahnen oder den Göttern, um eine Vision aus der Anderswelt zu erhalten, oder einfach um Schutz und Segen zu bitten.*

- *Ermöglicht sich dem Fluss der Dinge anzuvertrauen, nährt Urvertrauen und Zuversicht.*

- *Beifuß verhilft sich von alten Dingen zu verabschieden und zuversichtlich dem Weg weiter zu folgen.*

- *Starke Schutzräucherung besonders zur Sommer- und Wintersonnenwende. Altes kann gut losgelassen werden. Beifußrauch zieht gute Geister und Engel an, aktiviert unsere Selbstheilungskräfte und desinfiziert die Luft in Räumen.*

- *Durch den Beifußrauch werden Träume, Intuition und Hellsichtigkeit verstärkt. Gefühle der Angst oder Machtlosigkeit werden vom Rauch weggetragen. Der Rauch des Beifußes öffnet unser Kronen-Chakra, hilft bei Trauerbewältigung. Eine Räucherung mit Beifuß gilt als Schutzzauber gegen das Böse und Gefahr. Außerdem wirkt er stark reinigend und er bietet die Möglichkeit sich zu öffnen.*
Beifuß hilft beim Prozess des Trauerns und somit auch beim Loslassen. Zudem stärkt er das Weibliche (wurde früher zu Fruchtbarkeits- und Geburtsritualen verwendet), die Intuition und das Traumbewusstsein. Er wird auch verwendet als Begleiter bei **Übergangs- und Initiationsritualen** *oder wenn eine Entscheidung gefordert wird.*

- *reduziert Spannungen (Elektrosmog und atmosphärische Ladung), erwärmt Gewebe und bringt das Chi wieder zum Fließen*

Beifuß eignet sich gut zum Mischen mit anderen Harzen wie z.B.: Fichtenharz.

Verwendbare Teile: Triebspitzen, Blätter, Stängel und Wurzeln. Traditioneller Erntetag: 21. Juni; Blütenrispen kurz vor der Blüte im Juli/August, Blätter von April bis November, Wurzel im Frühjahr oder Herbst; Sammelzeit bei abnehmendem Mond

Artemisia annua, *der einjährige Beifuß, stammt aus Nordchina und ist mittlerweile überall verbreitet. Er lässt sich gut im Garten kultivieren. Sehr empfehlenswert, da er sehr kräftige und heilsame Inhaltsstoffe besitzt. Das in ihm gespeicherte Licht stärkt und schützt besonders unsere Zellen in unserem tiefen Inneren. Bei einer Räucherung öffnet und verbindet er uns für das Kosmische. Dinge, die nicht mehr zu uns gehören, werden entlassen.*

Probiere doch einmal aus, ihn zu verräuchern. Spüre, wie er auf dich wirkt.

Fichtenharz

- *Es reinigt die Aura und die Atmosphäre, heilt alte seelische Wunden und schützt vor negativen Einflüssen. Es ist besonders dort sinnvoll, wo Altes losgelassen werden muss um Neuem Platz zu schaffen.*
- *erhöht unsere Achtsamkeit unterstützt die Selbstreinigungskräfte und schärft den Blick auf das Wesentliche.*
- *Fördert das Vertrauen und die Konzentrationsfähigkeit*
- *Wärmend und herzöffnend*
- *Bringt alte Verletzungen ans Licht, hilft beim Annehmen und loslassen/heilen*

Verwendbare Teile: Das Harz auch aus den Zapfen. Auf reines Fichtenharz achten. Das sogenannte „Burgunderharz" ist in einem Schmelzprozess von Verunreinigungen (Insekten, Pflanzenteile gereinigt worden.

Kräuter selbst sammeln und verarbeiten

Wenn du die **Kräuter** für deine Räucherungen selbst sammeln willst, steht dir die Pflanzenheilkunde mit all ihrem Wissen zur Verfügung. Erkundige dich über die einzelnen wild wachsenden Pflanzen, mache dich mit ihrer physischen Wuchsform, den Blüten, Blättern und Stängeln vertraut. Wo wachsen sie, wie entwickeln sie sich übers Jahr und zu welcher Jahreszeit stehen sie zur Ernte bereit? Welches Kraut zeigt sich dir? Welches Kraut hat für dich die passende Energie?

Je mehr du selber machen kannst, umso besser. Es stecken deine Energie und deine Absicht in den Zubereitungen.

- **Mache daraus dein eigenes Ritual des liebevollen Sammelns und der Zubereitung.**

Beachte das geltende Naturschutzrecht oder vielleicht gefährdete Arten. Sammle nur die Arten, die du genau kennst, um Verwechslungen auszuschließen.

Jede Pflanze ist ein beseeltes Lebewesen, die sich mit der Erde verwurzelt hat. Von dieser werden sie ernährt und das Sonnenlicht lässt sie wachsen. Mit dem Wasser aus der Erde bilden sie die Grundlage für unser Aller Leben auf der Erde - Sauerstoff.

Sie tragen feinstoffliche kosmische (Ur-) Schwingungen, Frequenzen und ätherische Stoffe in sich, die uns nicht nur beim Räuchern zur Verfügung gestellt werden. Ihre Inhaltsstoffe schenken uns Leben beim Essen. Der von ihnen gebildete Sauerstoff atmen wir ein. Denke nur an deinen letzten belebenden Besuch im Wald.

Pflanzen haben eine Aura und mit bzw. auf ihr Leben Devas, für uns meist unsichtbare Lichtwesen. Sie reagieren auf unsere Gefühle und Absichten.

Gehe achtsam und wertschätzend mit den wild wachsenden Pflanzen um und frage sie, ob und wieviel oder zu welcher Jahreszeit du für deine Zwecke aus ihrem Bestand entnehmen darfst. Wenn du ein NEIN als Antwort erhältst, respektiere dies unbedingt. Komme ein andermal wieder und frage erneut. Und entnimm nur so viel, wie du wirklich brauchst.

Eine Orientierungshilfe für das Sammeln ist: Ein Drittel bleibt stehen, ein Drittel bleibt für andere Sammler und ein Drittel steht für dich zur Verfügung.

So kann sich die Pflanze weiter vermehren und für die Tiere, die von ihr Leben, ist gesorgt.

Lasse ein Dankesgeschenk als Gegengabe zurück. Früher wurde ein eigenes Haar zurückgelassen oder Milch über die Wurzel gegossen. Mache es so, wie es für dich stimmig ist.

Wenn du Pflanzen zum Räuchern brauchst, schau erst mal in deinem Naturgarten, wenn du einen solchen hast. Dort keimen oftmals genau die Wildpflanzen, die du für deine Zwecke benötigst.

Falls nicht, schau dich in deiner näheren Umgebung um. Gehe in die Natur und suche die Wildpflanzen. Ackerränder, Straßen, Bahndämme und Industriebetriebe solltest du meiden. Hier wird mit Pestiziden gearbeitet. Da du die Kräuter möglichst sauber ernten willst, meide Orte mit den Hinterlassenschaften von Tieren.

Bist du dir sicher, dass du sie mitnehmen darfst, ernte die Pflanze auf bedachte Weise. Die geistig-seelische Energie der Pflanze sollen erhalten bleiben.

Die Pflanzen kannst du bei schönem Wetter am Vormittag oder Mittag ernten. Feuchtes, regnerisches Wetter und den Morgentau solltest du meiden.

Eine gut geschärfte Kupfersichel ist für größere Pflanzen geeignet, um sie sicher abzuscheiden. Eine kleine Kupfer-Handschaufel ermöglicht das Graben nach kleineren Wurzeln. Bei der Verwendung von Kupferwerkzeugen, werden im Gegensatz zu Eisen, enzymatische Vorgänge im Boden gefördert. Das Ernten geht leichter von der Hand. Kupfer ist nicht magnetisch und das natürliche Spannungsfeld des Bodens und der Pflanze werden kaum gestört.

Kupferwerkzeuge für eine schonende Ernte werden nach einer Idee des österreichischen Forschers und Försters und einem genauen Naturbeobachter, Viktor Schauberger, gefertigt.

Wurzeln kannst du mit einem Kupfermesser, einer Kupfer-Handschaufel oder einem Knochen ausgraben.

Lege die Kräuter in einen mitgebrachten Korb. Butterbrottüten sind gut geeignet, um deine Ernte getrennt nach Arten zu sammeln. Nimm nur Kräuter mit, die du sicher kennst.

Verarbeite deine Ernte schonend und so schnell als möglich. Trockne die Pflanzen an einem warmen luftigen Ort. Nicht in der prallen Sonne. Das nimmt wertvolle Inhaltsstoffe, die dir beim verräuchern fehlen. Als Unterlage eignet sich Papier, Karton oder ein Trockengitter. Du kannst auch auf Dörrgerät oder den Elektroherd zurückgreifen, falls es draußen zu feucht ist. Trockne die Kräuter schonend bei höchstens 35 Grad, denn die ätherischen Öle sollen erhalten bleiben.

Die Lagerung größerer getrockneter Mengen in dunklen Gläsern, Kartons oder luftigen Baumwollsäckchen ist bis zu einem Jahr möglich.

Ob du nach bestimmten Mondphasen erntest bleibt deiner Intuition überlassen.

Möchtest du **Baumharze** von einheimischen Nadelbäumen sammeln, frage vorher beim Eigentümer des Waldes um Erlaubnis.

Frage auch nach der besten Zeit dafür, um die Tiere des Waldes in der Brut- und Setzzeit nicht unnötig zu stören.

Bei der Entnahme von klebrigen Baumharzen mit den Händen sind ein Schraubglas und Handschuhe sinnvoll. Weiches Harz sollte ca. 1 Jahr trocknen, bevor es verräuchert wird. Sonst duftet es nicht und qualmt nur.

Größere Harzbrocken am besten in einen Baumwolltuch hüllen und mit dem Hammer in kleine Stücke zerschlagen.

Im Mörser kann das trockene Harz dann weiter zerrieben und mit Kräutern gemischt werden.

Bedenke, dass Baumharze die Funktion des Wundverschlusses am Baum haben. Deshalb bitte nur oberflächlich abtragen und nicht zu viel nehmen.

Achte darauf, dass du keine unnötigen Spuren hinterlässt. Nimm nur das mit, was du wirklich brauchst.

Wenn du das alles nicht machen möchtest, keinen Platz zum Trocknen der Kräuter oder keine Standorte in erreichbarer Nähe sind, kannst du auch im **Internet** nach Läden schauen, die qualitativ hochwertige Pflanzen in Bio-Qualität anbieten. Prüfe sorgfältig. Du wirst einen vertrauensvollen Händler finden.

Eine Nachfrage in der örtlichen **Apotheke** lohnt sich. Möglicherweise sind aus speziellem Heilkräuter-Anbau Kräuter in Bio-Qualität lieferbar.

Auch ein kleiner Anbau auf dem **Balkon** in guter torffreier Erde und mit gentechnikfreien Biosamen ist denkbar. Hier gibt es mittlerweile viele Hersteller die eine Auswahl von guten Qualitäten anbieten.

Sich selbst zentrieren und abräuchern (Vorschlag)

Geistig an die Elemente anbinden, beginnend mit Mutter Erde dann mit Vater Himmel oder dem Universum, den Hütern der vier Himmelsrichtungen und die Energie des Herzzentrums über die Körpergrenzen hinaus ausdehnen.

Abräuchern mit deiner jeweiligen Kräutermischung (mit Fichtenharz zur Rauchentwicklung) in der Räucherschale auf dem Boden stehend. Mit der Feder oder den Händen den Rauch von unten zum Herzen hin nach oben und über den Kopf fächern und auch einatmen. Bitte die nackten Fußsohlen und die Arme und Hände nicht vergessen. Du kannst dich mit dem Rauch waschen wie mit Wasser. Lasse dich ganz umhüllen, nimm deine Hände und schöpfe den Rauch bis über deinen Kopf. Streife mit dem Rauch nach unten alle deine Belastungen und deine Aura zum Boden hin aus. Bleibe mit deiner Aufmerksamkeit ganz bei dir und stelle dir vor, dass alles Belastende mit dem Rauch mitgenommen wird. Du bist jetzt leuchtend und strahlend.

Sich selbst abräuchern ist etwas schwierig. Es gelingt, wenn die Schale mit dem Räucherwerk auf dem Boden steht und du dich im Kreis drehst, sodass dein Körper von allen Seiten beräuchert wird. Dabei am Anfang mit gegrätschten Beinen über das Räuchergefäß stellen und den Rauch überall am Körper hochziehen lassen.

Bitte darum, dass die Aura von anhaftenden Energien gereinigt und Schutz aufgebaut wird. Stelle dir vor, wie die Aura nach außen abgegrenzt ist und bitte darum, dass eine tiefe Verbindung im Ritual möglich ist.

Ob du dich dabei im Uhrzeigersinn oder dagegen drehst, bleibt deiner Intuition überlassen. Das, was du empfindest, ist stimmig. Du kannst nichts falsch machen. Beim nächsten Mal ist es möglicherweise wieder anders. Deine Absicht zählt.

Vorschlag zum Zentrieren: Die „Oktave"

Um deine Kraft deines Herzens zu verstärken, kann dir auch die Umprogrammierung des Unterbewusstseins ins Positive mittels der „Oktave" nach Mirsalim Norbekov helfen.

Nach den 5 biologischen Naturgesetzen (Dr. Hamer) ist „Die Oktave" wesentlicher Bestandteil zur Einbindung und Wahrnehmung des Unterbewusstseins.

Mit der „Oktave", einer höheren Schwingung deines Inneren analog zur musikalischen Oktave, ist der schönste Gefühlszustand deiner Seele in deinem Leben gemeint, den du je erlebt hast, beispielsweise bei der Betrachtung eines einmaligen Sonnenuntergangs mit einem geliebten Menschen oder eines perfekten Urlaubs.

Das schenkt dir ungeahnte Kräfte, wenn du diesen zu Beginn des Rituals in dir manifestierst. Es verhilft dir innerlich zur Sicherheit und Gewissheit, dass du dein Ziel entschlossen erreichst.

Sage dir dann innerlich folgendes:

Ich bin der Wille

Ich bin die Kraft

Ich bin die Liebe

Ich bin das Verzeihen

Ich bin die Macht

Ich bin die Gesundheit

Ich bin die Weisheit

Ich bin die Lebensfreude

Ich bin alles Schöne

Alles hängt von mir ab

Alles liegt in meinen Händen

So sei es

Du kannst die „Oktave" auch mit anderen Eigenschaften ergänzen, gerade so, wie es für dich im jeweiligen Moment passt:

Ruhe, Herzlichkeit, Zärtlichkeit, Zauber, Stärke...

Dein inneres Bemühen bzw. deine innere Haltung sollte sehr stark sein. Du kannst es mit etwas Übung erreichen.

Vorschlag für die Begrüßung der wohlwollenden Wesen (auch nach der Begrüßung der Mitreisenden):

Ich rufe alle wohlwollenden Wesen dieses Ortes, der besonderen Zeit und die Geister der Erde, des Wassers, des Feuers und der Luft, der Tiere, der Bäume, der Pflanzen, der Steine, unsere wohlwollenden Ahnengeister, die Seele meiner Instrumente und lade sie ein, an unserem Ritual teilzunehmen und ihre Kräfte mit den unseren zu vereinen.

Ich bitte das Universum um Wohlwollen und Zuneigung und Unterstützung. Alles, was hier an diesem Ort noch an niedere oder negative Energie/Schwingungen wirkt, darf sich lösen und gehen. Es möge sich in höhere Energie transformieren und heilen.

So könnte das Dankes-Ritual lauten:

Ich danke allen wohlwollenden Wesen dieses Ortes, der besonderen Zeit und den Geistern der Erde, des Wassers, des Feuers und der Luft, der Tiere, der Bäume, der Pflanzen, der Steine, unsere wohlwollenden Ahnengeister, die Seele meiner Instrumente für ihre Teilnahme an unserem Ritual und dass sie ihre Kräfte mit den unseren vereint haben. Ich danke dem Universum für sein Wohlwollen und die Unterstützung unseres Reiseziels.

~~~

Inspiriert durch die Bücher von Axel Brück und Wolf-Dieter Storl, die sich auch dem europäischen Schamanentum bzw. der Ethnobotanik widmen, den Büchern zum Räuchern, u.a. von Christian Rätsch, Adelheid Brunner, Adolfine Nitschke und Fred Wollner, den Büchern zur Klangtherapie u.a. von Otto-Heinrich Silber und Johannes Oelmann sowie jeweils durch eigenes authentisches Erleben individuell verändert und ergänzt, entstand dieser Text.

Bei *tredition* ebenfalls erschienen:

Thomas Blodig
Intuitive Klang-Therapie für Pferd und Reiter
1. überarbeitete und ergänzte Auflage 9/2021

NEU +Solfeggio-Frequenzen
Neu + Emotionscode®-Anwendungen